Iman Sabah Mustafa
Saravana Balaji B.

Extração de dados

Iman Sabah Mustafa
Saravana Balaji B.

Extração de dados

Sistemas de recomendação de produtos baseados em comentários de clientes utilizando a extração de texto

ScienciaScripts

Cover image: www.ingimage.com

This book is a translation from the original published under ISBN 978-620-8-11766-5.

Publisher:
Sciencia Scripts
is a trademark of
Dodo Books Indian Ocean Ltd. and OmniScriptum S.R.L publishing group

120 High Road, East Finchley, London, N2 9ED, United Kingdom
Str. Armeneasca 28/1, office 1, Chisinau MD-2012, Republic of Moldova, Europe
Printed at: see last page
ISBN: 978-620-8-20981-0

Dedicação

Gostaria de dedicar este trabalho a: Ao meu **supervisor**, aos meus adoráveis **pais, ao** meu querido **irmão (Mohammad), às minhas adoráveis irmãs (Eng. Jwan, Media, Dr. Zhila, Eman)** e a **todos aqueles que me apoiam, ajudam e orientam.**

Com os meus respeitos e cumprimentos

Agradecimentos

Gostaria, antes de mais, de agradecer a [**DEUS**], que me orientou no caminho certo da vida.

Gostaria de expressar a minha mais profunda gratidão ao meu supervisor, o Prof. **Dr. Saravana Balaji B.**, pela sua paciência, sugestões valiosas e esforços durante a preparação de todas as etapas da investigação. Além disso, um agradecimento especial ao **Sr. Mohammed Hussein Shukur**, Diretor do Departamento de Informática, por me ter dado a oportunidade de me candidatar ao grau de mestre. Um agradecimento especial ao meu querido [**Pai**], pelo seu apoio.

Agradeço sinceramente ao meu orientador, **Dr. Amin Muhammad Salih**, pela sua orientação, encorajamento e apoio ao longo do meu estudo de mestrado. Sem a sua orientação, não teria conseguido terminar esta tese.

Tenho uma profunda dívida de gratidão para com a nossa universidade por nos ter dado a oportunidade de concluir este trabalho.

Gostaria também de agradecer à **Dra. Banar Fareed, diretora do departamento de Tecnologias da Informação**, que me recomendou e ajudou em todos os aspectos.

Com todo o meu respeito e cumprimentos,

Eman Sabah, setembro, 2021

Resumo

A avaliação é o feedback de um cliente sobre os produtos. Os avaliadores de clientes são, de facto, uma fonte importante de informação sobre a "voz do cliente" e podem revelar pormenores sobre o que os clientes querem ou não gostam num serviço ou produto. A maioria das empresas utiliza os avaliadores de clientes para criar novos produtos. As empresas não conseguem analisar as opiniões dos clientes ao mesmo tempo e com regularidade, pelo que necessitam de ferramentas de prospeção para saber mais sobre esses avaliadores, que é o que os clientes precisam para os seus produtos. As empresas fazem avaliações de avaliações para atualizar os seus produtos. As avaliações são analisadas pelos clientes para decidir se compram ou não um produto. Não é possível aos clientes analisarem todas as avaliações do produto para decidirem se o compram ou não. Neste caso, é útil ter um sistema automatizado que utilize o processamento de linguagem natural para analisar o feedback dos clientes e fornecer a lista de produtos de forma ordenada. Uma recomendação de produto é essencialmente um mecanismo de seleção que tenta antecipar e apresentar produtos que um comprador possa estar interessado em comprar. Os motores de recomendação são aplicações de filtragem de dados que utilizam algoritmos e dados para sugerir o que é mais importante para uma determinada pessoa. Nesta investigação, foi desenvolvido um sistema de recomendação de produtos que utiliza métodos de processamento de linguagem natural e extração de texto para analisar as opiniões dos clientes e agrupá-las de acordo com as caraterísticas do produto. Este sistema recebe as consultas do utilizador em linguagem natural, por exemplo em inglês, e analisa-as para encontrar as caraterísticas necessárias. Com base nas caraterísticas fornecidas pelo utilizador, o sistema analisa os grupos de produtos e faz corresponder cada produto à consulta do utilizador, fornecendo os resultados de forma ordenada. Este sistema recolhe os dados das avaliações da Amazon e do eBay e aplica o algoritmo de agrupamento de avaliações. Com base nas caraterísticas dos produtos, cada avaliação é classificada como positiva ou negativa. Em seguida, a consulta do utilizador é analisada para identificar as caraterísticas requeridas pelo utilizador. Em seguida, as caraterísticas da consulta e dos produtos são comparadas e, com base nas avaliações, os produtos são classificados. Para avaliar o desempenho do sistema proposto (PR-CT), três sistemas existentes, nomeadamente: Basket-Sensitive Personalized Ranking for Product Recommendation (BSPR), Automated product recommendations with preferencebased explanations (APR), e Generating items recommendations by fusing content and user-item based collaborative filtering (GIR), foram comparados através de quatro métricas de desempenho, nomeadamente: Precisão, Recall, F1 Score, Tempo Médio de Resposta. A partir das operações de avaliação do desempenho, ficou provado que a técnica proposta PRB está a ter um bom desempenho do que as outras técnicas discutidas na literatura. No entanto, nesta investigação, devido à falta de dados, recomenda-se vivamente aos futuros investigadores que desenvolvam mais esta ferramenta, uma vez que pode ser utilizada de forma mais eficiente e o processamento da linguagem natural (PNL) demora mais tempo no processo.

Índice

Lista de abreviaturas

NLP	Natural Language Processing
PSS	Product-Service System
IT	Information Technology
ICRS	Improvised Clustering Recommendation System
QoS	Quality of Service
IoT	Internet of Things
MEC	Mobile Edge Computing
WS	Web Services
LSTM	Long Short-Term Memory
TAPE	Text-based Price Recommendation System
ABSA	Aspect-Based Sentiment Analysis
EmoWare	Emotion-Aware
CARS	Context-Aware recommender systems
PoS	Parts-of-Speech
nltk	Natural Language Toolkit
UI	User Interface
GUI	Graphical User Interface
Sklearn	Scikit-learn

Capítulo 1

1. Introdução

A revisão é o feedback de um cliente sobre os produtos. A maioria das empresas recorre a avaliadores de clientes para criar novos produtos. As empresas não conseguem analisar regularmente as avaliações dos clientes ao mesmo tempo, pelo que precisam de ferramentas de extração para conhecer esses avaliadores, que é o que os clientes precisam para os seus produtos. As empresas fazem avaliações de avaliações para atualizar os seus produtos. Os comentários são analisados pelos clientes para decidir se compram ou não um produto. Processamento de linguagem natural Na análise do feedback dos clientes, é habitualmente utilizado o processamento de linguagem natural (PNL). Dados linguísticos para processamento natural. Com o objetivo de aumentar o poder de processamento de uma série de actividades ou aplicações, é utilizada uma linguagem semelhante à humana.

1.1. Redes sociais

As redes sociais são definidas como a utilização de plataformas de redes sociais baseadas na Internet para manter o contacto com amigos, familiares, colegas de trabalho, clientes ou consumidores. Através de sítios de redes sociais como o Facebook, o Twitter, o LinkedIn e o Instagram, entre outros. As redes sociais podem ser utilizadas para objectivos pessoais, profissionais ou ambos. As redes sociais tornaram-se um recurso importante para os clientes que desejam interagir com outros clientes. Com mais de dois mil milhões de utilizadores, o Facebook continua a ser o maior e mais bem sucedido sítio de redes sociais, apesar da forte concorrência. De acordo com o Statistica.com, a sua popularidade é seguida pelo Instagram, Facebook Messenger, Twitter e Pinterest. O trabalho em rede na Internet (Social-Networking) é um papel vital para as pessoas discutirem ideias. Trata-se de programas informáticos que permitem às pessoas partilhar ou trocar dados, desenhos, fotografias e vídeos. Confiam facilmente nas redes sociais e partilham muita informação (por exemplo, "Facebook", "Twitter", "Instagram", "Snap chat"). Passam a existir afectando-se profundamente uns aos outros, estabelecendo ligações. Para aceder às plataformas das redes sociais, a maioria dos utilizadores utiliza software baseado na Web nos seus computadores de secretária e portáteis. Ou utilizam os seus smartphones e tablets para descarregar aplicações de redes sociais.

1.2. Processamento de linguagem natural

O Processamento de Linguagem Natural (PNL) é uma área da inteligência artificial que combina linguística e IA para ajudar os computadores a compreenderem afirmações ou frases escritas em línguas humanas. O processamento da linguagem natural surgiu para facilitar o trabalho do utilizador e para satisfazer o desejo de comunicar em linguagem natural com a máquina. Uma vez que nem todos os utilizadores podem dominar a linguagem de base da máquina, a PNL destina-se aos utilizadores que não dispõem de tempo suficiente para aprender ou aperfeiçoar novas linguagens. É possível descrever uma língua como uma coleção de regras ou um conjunto de símbolos. Os símbolos são combinados e utilizados para transmitir ou difundir informações. A regra tiraniza os símbolos (compreensão da linguagem natural e criação de linguagem natural, que desenvolve a tarefa de compreender e melhorar o texto). O Processamento de Linguagem Natural pode ser dividido em duas categorias (Taulli,2019).

O processamento de linguagem natural é frequentemente utilizado para analisar os comentários dos consumidores. (Dados linguísticos) para processamento natural. O objetivo é desenvolver a capacidade de processar uma linguagem semelhante à humana que possa ser utilizada para uma vasta gama de trabalhos ou fins. O processamento de linguagem natural (PNL) tem vindo a ganhar recentemente um grande interesse na representação computacional e no estudo da linguagem humana. As suas aplicações estenderam-se a vários domínios, como a tradução automática, a deteção de correio eletrónico não desejado, a extração de dados, a descrição, a medicina, a resposta a perguntas, etc. Este estudo distingue quatro fases, abordando os vários níveis de PNL e os elementos de geração de linguagem natural (GNL), apresentando em seguida a história e a evolução da PNL, apresentando as diferentes aplicações da PNL e os actuais desenvolvimentos e desafios no estado da arte.

1.3. Portais de compras online

O objetivo deste estudo é avaliar os benefícios da utilização de portais de compras por empresas existentes como ponto de entrada no ambiente de vendas pela Internet. Este estudo também tenta destacar as potenciais desvantagens da política. Abordagem à metodologia de conceção - Com a ajuda de um portal Web Foi utilizado um método de estudo de casos, com investigação documental e entrevistas semi-estruturadas incorporadas através de uma técnica de entrevistas em equipa. Apoiou o desenvolvimento de uma imagem corporativa com várias camadas. Conclusões - A utilização de uma plataforma de compras tem muitas vantagens para os comerciantes tradicionais, incluindo sinergias de marketing, entre outras, bem como serviços de manutenção e realização do sítio Web. A capacidade de proporcionar uma experiência de venda multicanal aos clientes. A interdependência e a rotação dos parceiros, as limitações da aprendizagem organizacional e a capacidade de entrega são possíveis desvantagens. Implicações práticas: a definição clara das vantagens e desvantagens dos portais de compras fornece informações que os comerciantes tradicionais podem utilizar para determinar se esses portais são ou não os mais adequados para o seu negócio. Originalidade/Valor - Este estudo contribui para o corpo de conhecimento sobre o fenómeno das plataformas online, provando a sua utilização como plataforma para os retalhistas tradicionais se envolverem em vendas electrónicas **(Z. Li & Shimizu, 2018).**

1.4. Impacto das avaliações dos clientes

Uma grande marca é uma das ferramentas de marketing mais eficazes que uma empresa pode ter quando se trata de atrair novos clientes. Consequentemente, as críticas positivas em linha têm um impacto significativo nas decisões de compra. No entanto, nem todos os comentários são positivos. Para ter a certeza de que os seus produtos e serviços merecem melhores críticas. É possível que o problema esteja na consistência de ambos. Em segundo lugar, aprenda a responder adequadamente aos comentários dos clientes. Encontrará rapidamente uma variedade de ferramentas e tácticas que ajudarão a sua empresa a dar o próximo passo no seu crescimento e terão um impacto no comportamento do cliente. Estas ferramentas prometem aumentar as receitas e os lucros, atrair novos clientes e poupar tempo e dinheiro. No entanto, estas ferramentas modernas requerem muitas vezes uma quantidade significativa de tempo e dinheiro. Mas, por enquanto, vamos ignorar o panorama geral e concentrar-nos nos pormenores.

1.5. Sistemas de Recomendação Inteligente

Um sistema de recomendação é uma técnica de filtragem de informações que utiliza a aprendizagem automática para avaliar um item ou compará-lo com as experiências anteriores de outros e, em seguida, oferece ou recomenda ao utilizador informações, serviços ou bens possivelmente necessários. Um sistema que combina um item com um utilizador com base na escolha, interesse, atividade ou necessidade pode minimizar drasticamente as despesas extra desnecessárias dos utilizadores durante o processo de pesquisa de informação. Os sistemas de apoio à decisão com capacidades de recomendação podem ser classificados num de quatro tipos com base nas suas caraterísticas **(Hsu et al., 2012).**

1.6. Declaração do problema

A maioria das pessoas procura os melhores artigos para fazer compras em linha, como as compras em linha na Amazon, eBay, AliExpress, Alibaba.com, etc. As opiniões dos clientes são relevantes para que escrevam questões quando compram produtos para saberem se o produto é bom ou não. Por exemplo, há alguns exemplos de opiniões de clientes sobre compras em linha na Amazon.com... Desta forma, as pessoas podem reduzir o seu tempo, podem comprar os produtos do dia a dia online sem se deslocarem ao exterior, podem sentar-se em casa e receber os seus produtos.

1.7. Objectivos da investigação

Desenvolver um sistema de recomendação com base nas opiniões dos clientes:

A. Desenvolver um conjunto de dados de avaliações de clientes da Amazon, eBay, etc.

B. Analisar os comentários para criar uma base de dados de produtos

C. Desenvolver um algoritmo para gerar a pontuação positiva/negativa de um produto.

D. Desenvolver um método para recolher os requisitos dos utilizadores em linguagem natural e identificar o produto principal.

E. Desenvolver um algoritmo para fazer corresponder o pedido do utilizador ao produto e gerar recomendações.

Capítulo 2

Revisão da literatura sobre sistemas de recomendação de produtos

2.1. Introdução

Uma recomendação de produto é essencialmente um mecanismo de seleção que tenta antecipar e apresentar produtos que um comprador pode estar interessado em comprar. Os motores de recomendação são aplicações de filtragem de dados que utilizam algoritmos e dados para sugerir as coisas mais importantes para uma determinada pessoa [3]. Uma opinião de cliente é a avaliação que um cliente faz de um bem ou serviço depois de o ter comprado e utilizado e de ter dado opiniões ao vendedor ou aos sítios Web de compras em linha. [4]. No processo dinâmico, o efeito das opiniões dos clientes em linha sobre os comportamentos de compra dos consumidores ou sobre as receitas é evidente [5]. As críticas em linha têm influência. Examina empiricamente o impacto do feedback numérico e textual no sucesso das vendas de produtos (Li et.al, 2019). Quando é necessária uma elevada disponibilidade, fiabilidade e flexibilidade, é utilizada uma solução baseada num agente inteligente e é necessária eficiência. Este tipo de agente inteligente pode ser utilizado para tomar decisões em situações perigosas sem a participação de uma pessoa [7]. O processamento da linguagem natural (PNL) tem vindo a ganhar recentemente um grande interesse na representação computacional e no estudo da linguagem humana. As suas aplicações estenderam-se a vários domínios, como a tradução automática, a deteção de correio eletrónico não desejado, a extração de dados, a descrição, a medicina, a resposta a perguntas, etc. O documento distingue quatro fases, abordando vários níveis de PNL e elementos de Geração de Linguagem Natural (GLN), apresentando em seguida a história e a evolução da PNL, apresentando as diferentes aplicações da PNL e os actuais desenvolvimentos e desafios no estado da arte.

Tipos de sistemas de recomendação

1. Sistemas baseados em agentes

Bogdan Walek e Vladimir Fojtik, 2020. Atualmente, estão em crescimento vários sistemas de recomendação, cujo principal objetivo é recomendar conteúdos adequados aos utilizadores com base numa variedade de critérios. Um sistema de recomendação é um tipo de sistema de informação que ajuda os utilizadores a fazer escolhas, recomendando produtos que são importantes para eles, comércio eletrónico, meios de subscrição, serviços de encontros em linha e muitos outros domínios de conhecimento e serviços. Os sistemas de recomendação prevêem as classificações dos utilizadores para produtos individuais através da análise de uma forma específica de dados. Em seguida, geram sugestões e ajustam o conteúdo da página apresentada para corresponder o mais possível às necessidades do utilizador (com base nesta análise) (Falk, 2019). Uma das razões pelas quais uma grande variedade de empresas e aplicações online lançaram recentemente serviços que analisam o comportamento dos utilizadores para recomendar as coisas mais adequadas é que este é um dos aspectos mais importantes da experiência do utilizador, dos serviços ou da informação. Claro que o objetivo é aumentar as receitas e os lucros destas empresas. Afecta especificamente os sítios de streaming e de descarregamento de filmes na Internet (em geral, todos os serviços que distribuem conteúdos audiovisuais). Nas obras visuais, a sugestão de artigos relacionados para um consumidor desempenha um papel significativo. O principal objetivo de todos estes serviços é que a apresentação de um produto por um utilizador resulte em conversões ou intervenções do utilizador, como a compra de acesso para ver um vídeo, o registo de uma subscrição, etc.

Pasquale De Meo, et al., (2007). Os serviços da Internet tornaram-se um fenómeno (cultural e social) significativo; na realidade, muitas empresas oferecem agora aos seus clientes a possibilidade de acederem aos seus serviços através da Internet. As plataformas de recrutamento em linha, que ajudam tanto os candidatos a emprego como os empregadores a procurar trabalhadores, estão a desempenhar um papel cada vez mais importante neste cenário. Neste caso, as empresas podem normalmente preencher um diretório com propostas de emprego, e um motor construído com base em estratégias padrão de Recuperação de Informação (RI) ajuda os indivíduos na sua procura de trabalho. Vários estudos mostram que o número de pessoas que utilizam estes recursos está a aumentar cada vez mais [1]; consequentemente, nos próximos anos, é razoável esperar que uma grande quantidade de pedidos de emprego seja enviada através da Internet. Neste caso, as abordagens convencionais de RI utilizadas pelas agências de recrutamento actuais fornecerão a um indivíduo uma quantidade excessivamente grande de ofertas de trabalho que não lhe interessam. A criação de motores de pesquisa personalizados que combinem tecnologias de RI convencionais com metodologias de modelação de utilizadores. [2], é uma forma de resolver este problema. Alguns métodos baseados em sistemas de recomendação [3] foram sugeridos na literatura para personalizar os motores de pesquisa numa variedade de contextos de aplicação, incluindo a navegação na Web [4], o comércio eletrónico [5] e a aprendizagem eletrónica [6].

Flora Amatoa, et al., (2020). A implementação de sistemas inteligentes para o planeamento de visitas culturais foi muito apelativa no domínio do Património Cultural. Ao integrar facilidades de sugestão com abordagens de preparação baseadas em agentes, propomos neste artigo um método inovador para incorporar um planeador de rotas em locais culturais como museus. Por um lado, a solução sugerida utiliza uma metodologia de recomendação centrada no utilizador para indicar os itens culturais mais adequados com base nas preferências do utilizador, enquanto, por outro lado, utiliza uma técnica de recomendação centrada no utilizador para sugerir os itens culturais mais adequados com base nos interesses do utilizador. Por outro lado, os métodos de planeamento multiagente geram percursos relevantes, que são a série de passos dados para atingir objectivos culturais específicos num determinado contexto.

Maryam Farsia, e John Ahmet Erkoyuncu, (2021). Os modelos de Sistema Produto-Serviço (PSS) proporcionam às empresas uma abordagem de serviço digital de valor acrescentado. No desenvolvimento de uma abordagem PSS eficiente, o serviço integrado, bem como os requisitos e restrições do produto, desempenham um papel importante. Os gostos dos clientes, bem como os atributos do produto e do serviço, também podem ter um impacto significativo nas decisões de contrato de PSS. Por outro lado, a literatura recente reflecte sobretudo sobre o impacto dos requisitos de serviço nas decisões de contrato de PSS. Além disso, as novas perspectivas de personalização dos serviços de apoio ao cliente centram-se nas expectativas históricas dos consumidores e não na previsão das necessidades dos clientes face à incerteza dos produtos e serviços. O modelo de simulação tem em conta a volatilidade estocástica ao investigar a personalização dos contratos de PSS. A taxa de falha dos produtos tem o maior impacto na viabilidade de um contrato de serviço, de acordo com estudos sobre diferentes formas de volatilidade do serviço.

B.K. Mohanty, K. Passi, (2010). Neste estudo, foi apresentada uma estrutura de comércio eletrónico orientada por agentes que recomenda produtos aos clientes com base nas suas preferências. Quando se obtém feedback dos clientes depois de estes verem os produtos pessoalmente, é possível utilizá-lo para melhorar o negócio. Os investigadores apresentam um sistema de comércio eletrónico orientado por agentes que sugere produtos aos clientes com base nas suas preferências. Quando os clientes dão feedback depois de verem o produto pessoalmente, pode utilizá-lo para desenvolver a sua empresa.

2. Sistemas de recomendação conscientes da QoS

Arif Ahmed Khan, e V. A. Chakkarwar, (2018). Sugestões para provedores on-line, bem como o conselho, têm sido muito populares em estudos recentes de TI, ele apresentará o Sistema de Recomendação de Clustering Improvisado (ICRS), com base em dados coletados de invocações de propósito anteriores para examinar os diferentes aspectos de nossos modelos, um modelo para avaliar e prever a confiabilidade absoluta de um serviço da Web atômico previsto, bem como a confiabilidade de uma chamada de serviço contínua, neste processo usado o Planet DB Dataset e os recursos relatados no dataset WSDream.

Xi Chen, Membros, (2013). Os serviços Web são componentes de software que permitem a comunicação interoperável máquina-a-máquina através da Internet. A adoção de serviços Web como um modo de entrega de negócios deu início a uma nova mudança de paradigma, afastando-se do desenvolvimento de aplicações monolíticas e aproximando-se da configuração dinâmica de processos de negócios. Nos últimos anos, os serviços Web despertaram a atenção tanto da indústria como do meio académico e o número de serviços Web públicos continua a crescer.

Puja Das, e Asik Rahaman Jamader, (2019). A Internet das Coisas (IoT) está a lidar com um número crescente de utilizadores da IoT, resultando numa enorme carga de transferência de dados para centros de dados em nuvem. Para resolver o problema da latência de dados, como solução alternativa, propusemos uma abordagem de alocação de recursos consciente de QoS com base na entrada implícita de classificação do usuário em Mobile Edge Computing (MEC) para IoT. O protocolo de seleção sugerido escolheria o comprador com base nos seus hábitos de compra anteriores, bem como no feedback tácito do cluster medido através de semelhanças. Conseguimos recomendar serviços a utilizadores qualificados com base no feedback tácito de utilizadores anteriormente servidos, utilizando um filtro de colaboração dependente do tempo. O recurso seria atribuído ao utilizador selecionado em função da distância mais curta possível entre o utilizador e o recurso.

Blessina Gonsalves e Vandana Patil, (2017). Os serviços Web (WS) são módulos de servidor que ajudam na integração de diferentes sistemas baseados na Web. Quase todas as aplicações Web utilizam WS. O número de WS na Internet está a aumentar. É impossível para o cliente escolher o melhor serviço a partir de uma vasta gama de opções. Estamos a trabalhar num quadro de recomendação de serviços Web baseados em QoS com reconhecimento de localização.

Shun Li, e Junhao Wen, (2017). No mundo atual dos serviços Web. A importância da qualidade de serviço (QoS) está a crescer. Foram propostas várias abordagens para a recomendação de serviços Web personalizados aos clientes. Os métodos atuais, por outro lado, usam apenas informações de QoS do lado do cliente e ignoram as caraterísticas qualitativas da operação. O esquema proposto deriva propriedades contextuais do WSDL e usa-as para agrupar serviços Web com base em semelhanças de funções. Em seguida, recomenda serviços aos clientes utilizando um melhor processo de factorização matricial.

3. Sistemas baseados no processamento de PNL

Ghasemi e Momtazi, (2021). Os serviços de recrutamento desempenham um papel vital na assistência ao cliente e na elaboração de recomendações com base nas suas preferências. Os utilizadores podem poupar tempo seguindo as recomendações dos sistemas de recomendação enquanto procuram produtos personalizados, valiosos e favoritos. De acordo com os cientistas, o modelo baseado na rede Long Short-term Memory (LSTM) produz os melhores resultados. De acordo com os autores, o modelo proposto para a recolha de semelhanças de avaliações melhorou significativamente a eficiência do sistema de recomendação nos resultados da Amazon.com.

Sánchez, et al, (2021). A participação do utilizador final no desenvolvimento de conteúdos Web é facilitada pelas aplicações sociais. É "altamente necessário" ter acesso às contribuições dos utilizadores nas plataformas de redes sociais e conhecer as suas necessidades. Para a gestão do conhecimento e a integração de dados, os dados interligados e a Web semântica revelaram-se um êxito. Os vectores desenvolvidos através de técnicas de processamento de linguagem natural são utilizados para representar tanto os utilizadores como os anúncios.

Shen, et al., (2020). A Airbnb e outros sites de aluguer de curta duração aumentaram a sua popularidade, e os anfitriões de novos anúncios têm de criar uma melhor estratégia de preços. Foi concebido e implementado um sistema de recomendação de preços baseado em texto (TAPE) utilizando técnicas de aprendizagem profunda. Em Boston, os nossos modelos tiveram um erro quadrático médio de 33,73, 20,50 em Londres, 34,68 em Los Angeles e 26,31 na cidade de Nova Iorque, o que é igual a um modelo com mais funções.

MOHAMMED et al., (2020). Devido à sua grande variedade de utilizações, a análise de sentimentos baseada em aspectos (ABSA) tem recebido recentemente muita atenção. Este documento sugere um método prático para lidar com conjuntos de dados não rotulados em grande escala. A estratégia sugerida incorpora uma abordagem baseada na frequência (nível de palavra) com uma abordagem baseada na relação sintáctica (nível sintático) (nível de frase). Os aspectos extraídos são utilizados para gerar uma pontuação total do sentimento da crítica após o cálculo do peso e da classificação dos aspectos extraídos mencionados na crítica. Nos conjuntos de dados da Amazon e do Yelp, os aspectos derivados utilizando a abordagem proposta com o léxico específico do domínio superaram todas as linhas de base em termos de medida F e precisão.

Nunes, et al., (2013). As preferências têm sido amplamente investigadas numa variedade de domínios, incluindo a ciência da computação. São cruciais numa vasta gama de actividades computacionais, como o apoio à decisão, o desenvolvimento de sugestões e a personalização de dispositivos. É necessário desenvolver um paradigma que ofereça construções suficientes para os utilizadores comunicarem os seus desejos. Neste artigo, sugerimos um meta-modelo de preferências que oferece múltiplas estruturas de preferências, incluindo expressões do utilizador final.

4. Sistemas de recomendação sensíveis ao contexto

Wei Zhao, et.al, (2019) Os serviços de recomendação de filmes fornecem aos utilizadores listas classificadas de filmes com base nos seus gostos e restrições. Para gerar dados de classificação, são normalmente utilizados dois tipos de modelos: Os modelos de longo prazo e os modelos baseados em sessões são os dois tipos de modelos. Os modelos de longo prazo representam as relações entre os clientes e os filmes que provavelmente se alteram lentamente ao longo do tempo. Os modelos baseados em sessões, por outro lado, codificam informações sobre os gostos dos utilizadores e a dinâmica de alteração dos atributos dos filmes em pequenos intervalos de tempo. Neste ensaio, propomos o modelo LSIC, que utiliza testes contraditórios para explorar a experiência a longo e a curto prazo para a recomendação de filmes com conhecimento de conteúdos. Treinamos um gerador para servir como agente de aprendizagem por reforço, sugerindo sequencialmente o filme seguinte a um cliente, no processo contraditório. Também treinamos um discriminador para distinguir entre a lista de filmes gerada e os documentos reais. A informação do cartaz do filme é usada para melhorar o desempenho da recomendação de filmes, o que é particularmente útil porque há poucas críticas disponíveis. As experiências revelam que o modelo proposto supera os concorrentes e atinge um desempenho de ponta.

Abhishik Tripathi, (2019). O EmoWare (emotion-aware) é um sistema de recomendação de vídeos que é personalizado e emocionalmente intuitivo. Utiliza uma técnica única de filtragem interactiva consciente do contexto que avalia a força das reacções emocionais não-verbais dos utilizadores ao filme recomendado. A estrutura do EmoWare supera os métodos de ponta e foi testada com utilizadores reais durante um mês. Analisa com precisão as exigências emocionais dos utilizadores e tem uma convergência estável. Trata-se principalmente de redes neurais recorrentes bidireccionais profundas (DBRNN), tanto no sentido temporal positivo como negativo.

Ben Sassi et.al, (2017). O objetivo deste documento é fornecer uma visão geral dos sistemas de recomendação móveis sensíveis ao contexto. Num cenário móvel, diversas variáveis contextuais íntimas, sociais e ambientais podem ser integradas no processo de recomendação. Este estudo procura também identificar potenciais direcções de investigação nesta área.

Yilong Shi, Hong Lin, e Yuqiang Li, (2017). Os sistemas de recomendação com conhecimento do contexto (CARS) tornaram-se um tópico de investigação popular na indústria da recomendação, com o objetivo de melhorar a qualidade das sugestões e a fidelidade dos utilizadores através da adição de conhecimento do contexto. Devido à grande dimensionalidade das informações de contexto e à escassez de resultados, a integração de informações de contexto em sistemas de recomendação é difícil.

ShiniRenjitha,A.Sreekumara,M.Jathavedan, (2019). As recomendações foram baseadas nas experiências colectivas da comunidade. As redes de recomendação digitais evoluíram com o avanço das tecnologias da informação. Os sistemas de recomendação apoiam todas as indústrias e segmentos de serviços, incluindo viagens e turismo. Também abordamos os principais algoritmos utilizados nos sistemas de classificação e recomendação, bem como as métricas para avaliar o desempenho dos algoritmos e, por conseguinte, dos recomendadores. O estudo analisou a evolução dos sistemas de recomendação de viagens, bem como a sua utilidade e as deficiências existentes.

Wu, B., & Ye, Y. (2020). A aprendizagem em pares tornou-se um método comum para modelar as preferências dos utilizadores a partir de feedback implícito. Argumentamos que é um desafio descobrir representações significativas utilizando apenas a classificação par a par do lado do utilizador. Propõe-se um novo método probabilístico de pares denominado BSPR, abreviatura de Basket-Sensitive Personalized Ranking.

Capítulo 3

3.1. Introdução

Esta investigação incide sobre o sistema de Arquitetura que o cliente analisa, como envia a consulta para o processo. No início do estudo, foi recolhida uma amostra do Dataset, por exemplo: Um conjunto de dados de avaliações da Amazon. Depois, o processamento foi categorizado em vários tipos de processamento e os resultados do processamento foram descobertos, bem como uma lista de produtos. Todo este progresso começa com o envio de uma consulta aos utilizadores, por exemplo: Um cliente procura produtos de dispositivos electrónicos e, mais tarde, o dispositivo apresenta um tipo de dispositivo selecionado para que o utilizador possa executar as suas funções. Da mesma forma, o dispositivo apresenta o número de feedbacks para o cliente e este pode selecionar a opção desejada para facilitar a sua utilização. Os avaliadores de clientes são, de facto, uma fonte importante de informação sobre a "voz do cliente" e podem revelar pormenores sobre o que os clientes querem ou não querem em relação a um serviço ou produto. Neste estudo, será abordada a arquitetura do sistema de recomendação com o diagrama, que recebe o "Review Dataset" e, em seguida, classifica e analisa o processo dos produtos que o utilizador envia para a interface de consulta do utilizador. Para realizar o processo neste estudo, será utilizado o algoritmo de agrupamento que recolhe todas as avaliações e, em seguida, cada avaliação é selecionada para encontrar o Synset e o algoritmo de classificação.

3.2. Arquitetura do sistema

Este diagrama inclui a consulta enviada pelo cliente e depois analisada (PoS Tagging, Annotation, Positive and negative Reviews, e depois clustering). O conjunto de dados de avaliação que recebe os dados em linha pode depois classificar o lado negativo e o lado positivo das avaliações dos clientes e depois agrupá-los em alguns grupos na (figura 3.2):

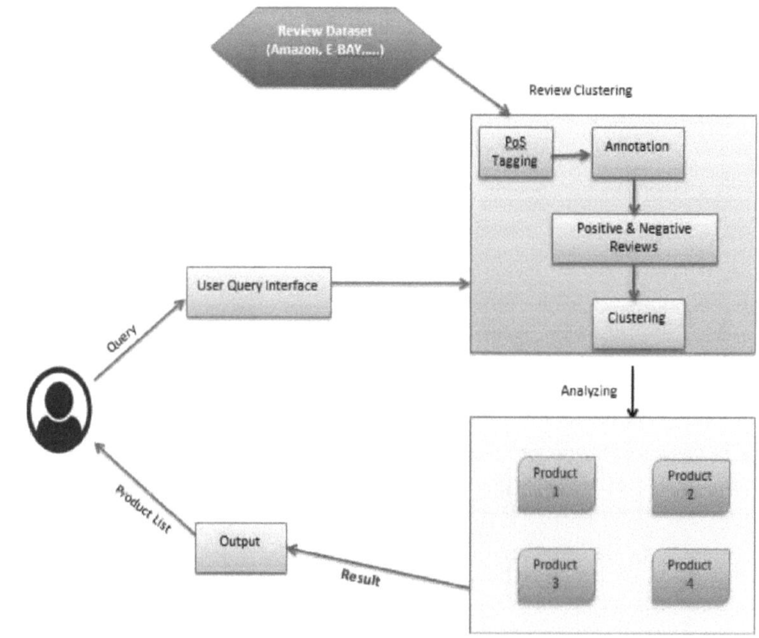

Figura (3): Arquitetura do sistema de recomendação

Existem três componentes principais, a saber

REVER CLUSTERING

- Marcação do ponto de venda
- Anotação
- Críticas positivas e negativas

- Algoritmo para Clustering

➢ INTERFACE DO UTILIZADOR

PROCURAR CARATERÍSTICAS DO PRODUTO DE ACORDO COM A CONSULTA.

ANALISAR A CONSULTA PARA FAZER CORRESPONDER OS TIPOS DE PRODUTOS

➢ ALGORITMO DE CLASSIFICAÇÃO

CONSULTA DE ENTRADA DO UTILIZADOR EM LINGUAGEM NATURAL

CLASSIFIQUE OS PRODUTOS COM BASE NAS OPINIÕES DOS UTILIZADORES.

APRESENTAR PRODUTOS DE ACORDO COM A CONSULTA.

3.2.1. Rever Clustering

Cada clustering consiste em tentar agrupar as mesmas críticas. Se houver o mesmo significado, este será incluído no mesmo grupo, e existem quatro subcomponentes principais que são

3.2.1.1. Marcação do ponto de venda

A etiquetagem de partes do discurso (etiquetagem POS) é uma técnica de etiquetagem de palavras em formato de texto para um segmento específico de um discurso com base no seu significado e contexto. Outro termo para isso é etiquetagem gramatical. O objetivo deste guião é poder contar quantos adjectivos e substantivos aparecem no subconjunto positivo das amostras de críticas que são:

- Um substantivo é normalmente definido como uma pessoa, um lugar ou uma coisa na sua forma mais básica. Um filme, um livro e um hambúrguer, por exemplo, são todos substantivos.

  A contagem de substantivos pode ajudar a determinar o número de vários tópicos que estão a ser discutidos.

- Um adjetivo é um termo que modifica um substantivo (ou

pronome), como um filme terrível, um romance hilariante ou um hambúrguer delicioso. Contar os adjectivos pode ajudá-lo a perceber que tipo de linguagem está a ser utilizada; por exemplo, as opiniões têm mais adjectivos do que os factos.

- ***Tokenização de frases***

A tokenização refere-se inicialmente à divisão de grandes frases em pequenas partes, palavras, ou mesmo à criação de novas palavras para outras línguas que não o inglês. Como visto abaixo, o módulo Natural Language Toolkit (nltk) tem muitos algoritmos de tokenização que podem ser utilizados em aplicações.

Tokenização de linha

No exemplo seguinte, a função enviada tokenize é utilizada para dividir um texto fornecido em linhas separadas.

```
import nltk
sentence_data = "First, get the Data. Second, classify the process. "
nltk_tokens = nltk.sent_tokenize(sentence_data)
print (nltk_tokens)
```

-When it runs a program above, this output appears:

[First, get the Data.', 'Second, classify the process.']

Tokenização não inglesa

No exemplo abaixo, o programa tokeniza o texto em alemão.

```
import nltk

german_tokenizer = nltk.data.load('tokenizers/punkt/german.pickle')
german_tokens=german_tokenizer.tokenize('Wie geht es Ihnen? Gut,
danke.')
print(german_tokens)
```

run the above program, and it can get the following output –

```
['Wie geht es Ihnen?', 'Gut, danke.']
```

3.2.1.2. Anotação

A nnotations é uma nova funcionalidade que permite ao utilizador adicionar e gerir notas para os produtos. As anotações significam informações adicionais, por exemplo, o cliente procura um produto e quando o utilizador procura o produto aparece automaticamente o nome completo e dá ao utilizador muitas opções até ser mais claro. **Por exemplo:** A abreviatura de televisão é TV e a abreviatura de correio eletrónico é E-mail.

3.2.1.3. Classificação de comentários como positivos e negativos.

Utilizar para descobrir se uma palavra é positiva ou negativa. É evidente que todos os dispositivos têm lados negativos e positivos durante as aplicações, por exemplo: o cliente pediu o produto mas, durante a receção do pedido, verá as desvantagens. No entanto, o cliente pode obter os requisitos rapidamente e sem qualquer problema. No final, o cliente pode decidir se o produto é bom ou mau. **Por exemplo:** ***Excelente*** é uma palavra ***positiva*** e ***Lento*** é uma palavra ***negativa***.

3.2.1.2. Rever Clustering

O agrupamento é uma técnica de extração de dados bem conhecida para identificar padrões ocultos. O objetivo deste trabalho é agrupar os comentários dos clientes em função das suas opiniões sobre diferentes produtos. Para o efeito, concebemos um algoritmo que é apresentado na tabela.

3.2.1.5. Algoritmo de agrupamento

Tabela 3.1: Algoritmo de agrupamento

Start:
Input: Review Dataset RAll
Output: Clustered Reviews

```
FOR Ri Є RAll
          APPLY PoS TAGGING ⟶ PoS(Ri)
          SELECT NOUNS (Ni) FROM PoS(Ri)
          FIND SYNSET (Si) of Ni Є Ri
FOR ALL (Si)
          FIND MATCHED CONCEPT C of (Si)
          SELECT C (Si) AS MAJOR CONCEPT
END
FOR ALL PoSi IN PoS(Ri)
            IF PoSi(Ri) Є POSITIVE
                POSITIVE ++
           ELSE
                NEGATIVE++
END
IF POSITIVE > NEGATIVE
Mark (PoSi(Ri)) = POSITIVE
                    ELSE Mark(PoSi(Ri)) = NEGATIVE
FORM CLUSTER[C]
END
FOR All Ci Є [C]
FOR ALL Cj Є [C]
            FIND SYNSET of Ci & Cj
            IF Ci && Cj MATCH
            GROUP Ci && Cj
End
End
REFIN [C] && PRODUCT OUTPUT
END
```

A metodologia do estudo inclui elementos de programação Python, que começa com a introdução de dados como: Review Dataset e os dados de saída de Reviews agrupados.

As principais etapas do programa começam por:

Aplicar a etiquetagem PoS e selecionar "Noun" (Substantivo)

Por exemplo: O utilizador procura um produto e outro utilizador procura o mesmo produto, o processo fará corresponder o significado das palavras que os utilizadores procuraram, se tiverem o mesmo significado ambos estarão num grupo, o objetivo deste processo de algoritmo é fazer corresponder o significado de todos os clusters, se for o mesmo significado o programa faz corresponder o significado. **Por exemplo:** TV e Televisão têm o mesmo significado, o programa corresponderá e estará no mesmo grupo.

A tabela seguinte apresenta a descrição da Parte do Discurso:

S.No	Part of Speech	Description
1	CC	Conjunction, joining words
2	ADJ	Adjective to describe a noun
3	DT	Determiner
4	IN	Preposition
5	JJ	Adjective, like big
6	JJR	Adjective, comparative, like bigger
7	JJS	Adjective, superlative, like biggest
8	NNS	Plural noun, chocolates

9	NN	Singular noun, chocolate
10	NNP	Proper noun, like Donald Trump
11	PRP	Personal pronoun, I, HE, SHE
12	PRP$	Possessive pronoun, his, her
13	UH	Interjection
14	RB	Adverb
15	RBR	Comparative adverb
16	RBS	Superlative adverb
17	VB	Verb
18	VBD	Verb, past tense
19	WRB	Wh -adverb where, when
20	FW	Foreign Word
21	LS	List Marker
22	MD	Modal cloud, will
23	PDT	predeterminer 'all the kids'
24	TO	To go 'to' the store
25	CD	Cardinal Digit

Neste progresso, as Partes_do_Discurso (PdD) são categorizadas nas classes Substantivo, Verbo, Adjetivo, Conjunção, Pronome, Número, Preposição, Determinante, Advérbio.

NI: significa os substantivos para a revisão dos produtos e (i) significa, por exemplo, o produto número um, dois, três.

s_i : Conjunto de sinónimos, ou seja, os sinónimos de todas as palavras que correspondem ao seu significado; se o significado for o mesmo, será colocado no mesmo grupo; caso contrário, será colocado num grupo diferente.

PoS: é a abreviatura de Part-of-Speech (parte do discurso), como já foi referido, é uma técnica para dividir as palavras em: Substantivo, Verbo, Adjetivo, Conjunção, Pronome, Número, Preposição, Determinante, Classes de Advérbios.

i : significa quantos números serão adicionados para o programa

C **:** significa elementos

Corresponder: para fazer corresponder os sinónimos no programa, se o significado for o mesmo, o programa corresponde ao significado e fica num grupo.

c_i : Número do produto um, por exemplo, TV.

c_j : O produto número dois, por exemplo, Televisão.

[C]: Agregado

C: Conceito

Positivo: significa que menciona uma palavra positiva na avaliação do feedback do cliente.

Por exemplo: É um vestido espetacular.

Aqui a palavra de (Incrível) é uma palavra positiva.

Negativo: significa as palavras negativas na avaliação do cliente

Por exemplo: Recebi o telemóvel inteligente, mas estava avariado.

Aqui a palavra de (Partiu) é palavra Negativa.

Cluster: significa o grupo de produtos que classificamos no progresso. Por exemplo: há milhares de clusters que incluem a avaliação do cliente.

Entrada: Conjunto de dados de avaliações que o utilizador recebe, por exemplo: O conjunto de dados de críticas da Amazon.

Saída: significa as revisões agrupadas que resultam quando aparece após todo o progresso.

Nesta etapa, serão recolhidas todas as avaliações. Em seguida, cada revisão será selecionada para encontrar o synset. Em seguida, para cada sintagma, será encontrado o conceito principal (será encontrado o conceito das avaliações).

```
FOR Ri € RAll
    APPLY PoS TAGGING ⟶ PoS(Ri)
    SELECT NOUNS (Ni) FROM PoS(Ri)
            FIND SYNSET (Si) OF Ni € Ri
```

O segundo passo abaixo no algoritmo, a revisão contém tudo sobre televisão, pelo que o conceito principal é Televisão.

```
FOR ALL (Si)
        FIND MATCHED CONCEPT C of (Si)
        SELECT C (Si) AS MAJOR CONCEPT
END
```

No terceiro passo, cada palavra neste PdS será calculada com positivo e negativo, e depois de verificado todo o algoritmo, verificará o número total de palavras positivas e o número total de palavras negativas.

```
FOR ALL PoSi IN PoS(Ri)
            IF PoSi(Ri) € POSITIVE
                POSITIVE ++
            ELSE
                NEGATIVE++
END
```

No quarto passo do algoritmo, verifica-se o número total de críticas positivas e o número total de críticas negativas. Se a palavra positiva for mais elevada, significa que esta avaliação será positiva, mas se a avaliação negativa for mais elevada, significa que esta avaliação será negativa. O utilizador tem um conceito de positivo e negativo

```
IF POSITIVE > NEGATIVE
            Mark (PoSi(Ri)) = POSITIVE
              ELSE Mark(PoSi(Ri)) = NEGATIVE
              FORM CLUSTER[C]
END
```

Este passo será repetido para todas as revisões.

```
FOR All Ci € [C]
FOR ALL Cj € [C]
```

A partir de cada conceito, todos os outros conceitos devem ser associados a um conjunto de sinónimos

```
FIND SYNSET OF  Ci & Cj
            IF Ci && Cj MATCH
            GROUP  Ci && Cj
END
```

Procurar resultados com todas as críticas agrupadas e classificação positiva ou negativa.

```
REFIN [C] && PRODUCT OUTPUT
```

3.3. Interface do utilizador

É o ponto de envolvimento e comunicação entre humanos e computadores que se designa por interface do utilizador (IU). Os ecrãs, os teclados, o rato e a estética de um computador de secretária são exemplos deste tipo de personalização. Pode também referir-se à forma como um utilizador interage com um programa de computador ou uma aplicação baseada na Web. A interface do utilizador é o local onde o utilizador ou cliente envia os requisitos dos produtos em que está interessado. As interações do utilizador são os componentes dinâmicos de uma interface de utilizador que ocorrem quando um utilizador executa uma ação, como carregar num botão, completar uma pesquisa ou armazenar um registo. O que acontece quando o utilizador se envolve neste tipo de comportamento é o seguinte: Então, que tipo de resultados ou feedback recebe? O resultado é lógico e adequado às circunstâncias? Esteja atento aos resultados que não se comportam da forma que esperava. Esta linguagem aceita consultas que são escritas em linguagem normal. A consulta é constituída apenas por termos comuns na língua materna do utilizador e não envolve qualquer sintaxe ou formato específico. Utilizando a Pesquisa ATG, um utilizador pode introduzir termos em praticamente qualquer formato, incluindo uma declaração, uma pergunta ou uma simples lista de palavras-chave e frases. (Ben Shneiderman, et.al, 2009)

3.3.1. Consulta de entrada do utilizador em linguagem natural

O que o cliente escreve ou procura na Internet é uma consulta, por exemplo: o cliente procura um produto, o que significa que é uma consulta. O processamento de linguagem natural (PNL) é um domínio especializado na análise e geração de linguagem humana. As linguagens humanas, corretamente designadas por linguagem natural, são altamente sensíveis ao contexto e frequentemente ambíguas para produzir um significado distinto. (Lembram-se da anedota em que a mulher pede ao marido para "ir buscar um pacote de leite e, se tiverem ovos, ir buscar seis", pelo que ele vai buscar seis pacotes de leite porque tinham ovos). A PNL proporciona a capacidade de compreender a entrada de linguagem natural e de produzir resultados em linguagem natural de forma adequada.

Análise de sentimentos: Primeiros passos com a biblioteca NLTK do Python

Introdução ao NLTK

Instalar e importar

Usando classificadores do scikit-learn com NLTK

Uma vez que o utilizador domine o essencial da linguagem Python, educar o processo com os seus pacotes mais populares melhorará não só o domínio da linguagem, mas também a adaptabilidade do processo.

A análise de sentimentos pode ajudar o utilizador a determinar o rácio de compromissos positivos e negativos sobre um tópico específico. É possível analisar corpos de texto, como comentários, críticas e análises de produtos, para obter informações sobre esse público. Neste tutorial, neste processo, os utilizadores aprendem as caraterísticas importantes do NLTK para o processamento de dados de texto e as diferentes abordagens que pode utilizar para efetuar a análise de sentimentos nos seus dados.

Analisar a frequência das palavras

Encontrar concordâncias e colocações utilizando diferentes métodos

Efectue uma análise de sentimentos rápida com o classificador incorporado do NLTK

Definir caraterísticas para classificação personalizada

Utilizar e comparar classificadores para análise de sentimentos com NLTK

Começar com o NLTK

A biblioteca NLTK contém vários utilitários que lhe permitem manipular e analisar eficazmente dados linguísticos. Entre as suas caraterísticas avançadas estão os classificadores de texto que pode utilizar para muitos tipos de classificação, incluindo a análise de sentimentos. A análise de sentimentos é a prática de utilizar algoritmos para classificar várias amostras de texto relacionado em categorias gerais positivas e negativas. Com o NLTK, pode utilizar estes algoritmos através de poderosas operações de aprendizagem automática incorporadas para obter informações a partir de dados linguísticos.

O NLTK exibirá um gerenciador de downloads mostrando todos os recursos disponíveis e instalados. Aqui estão os que precisa de descarregar para este tutorial:

nomes: Uma lista de nomes ingleses comuns.

stopwords: Uma lista de palavras realmente comuns, como artigos, pronomes, preposições e conjunções

review_samples: Uma lista de frases de produtos publicadas em avaliações de clientes

comentários_produtos: Mil avaliações de produtos categorizadas por feedback de avaliações de clientes.

3.3.2. Analisar a consulta para fazer corresponder os tipos de produtos

R devolve documentos que têm o mesmo texto, número, data ou valor lógico que a entrada. Antes de fazer a correspondência, o texto fornecido é avaliado. A consulta de correspondência é a forma mais comum de executar uma pesquisa de texto integral e inclui opções de correspondência difusa.

3.3.3. Classificar os produtos com base nas avaliações dos utilizadores

As opiniões sobre os produtos são publicadas nas fontes em linha, tais como: Os produtos da Amazon, por exemplo, quando um cliente precisa de comprar um produto, tem de começar por fazer uma avaliação para as outras pessoas, porque alguns dos produtos têm aspectos negativos e positivos. Como sabemos qual o produto que é bom e tem entrega rápida e a classificação é elevada porque significa excelente e os clientes querem comprar.

3.4. Algoritmo de classificação

```
START

INPUT: USER QUERY POS(U_Q)

OUTPUT: LIST OF PRODUCTS BASED ON RANK (PRO_L)

FOR ALL PoS(U_Q)
    SELECT N_i(U_Q)
    FOR ALL S_i = SYNSET (N_i(U_Q))
    SELECT MAJOR CONCEPT S_i
END

FOR ALL C_j of[C]
        IF∑_{x=1}^{n} PoS(U_Q)==∑_{Y=1}^{n} PoS(R_i)
        weight (R_i) = TF-IDF ((U_Q) && PoS(R_i))

END
END

FOR ALL POS(R_i) Є C;
    CHECK EACH WEIGHT OF (R_i) WITH R;
    SELECT MAJOR WEIGHT(R_i) AND DECREMENT EACH (R_i)
END

FOR ALL RANKED(R_i) Є [C]
    CHECK EACH POSITIVE & NEGATIVE
    OUTPUT REVIEW WITH IMPACT [POSITIVE OR NEGATIVE]
END
```

U_Q: Consulta do utilizador, o que significa que o utilizador envia uma consulta através da interface, por exemplo: ("O utilizador procura o produto").

PRO$_L$: Lista de produtos, no último passo é apresentada a lista de produtos para o utilizador.

c_j : Conceitos

Nesta etapa, serão recolhidas todas as opiniões. Cada consulta é aplicada com a etiquetagem Part-of- Speech (PoS) e, a partir do resultado, cada substantivo é selecionado e o seu significado é gerado utilizando o Synset. O significado do método Synset é retirado da biblioteca, a chamada WordNet, que é uma base de dados lexical para a língua inglesa. Em seguida, cada utilizador fará perguntas sobre o seu produto. Em seguida, para cada synset, o utilizador encontrará o conceito principal (encontrará o conceito de revisão). E cada palavra neste PoS será calculada com positivo e negativo.

```
FOR ALL PoS(UQ)
    SELECT Ni(UQ)
    FOR ALL Si = SYNSET (Ni(UQ))
     SELECT MAJOR CONCEPT Si
END
```

O segundo passo é a pesquisa do utilizador, o que significa que para todos os (n) números x=1 significa o número do produto um, por exemplo (TV), e o (y=1) significa o nome de outro produto (por exemplo: Televisão). **Sparck Jones, K. (1972),** TF-IDF é uma técnica de recuperação de informação que pondera a frequência de um termo (TF) e a frequência inversa do documento

(IDF). Cada palavra ou termo que ocorre no texto tem a sua respectiva pontuação TF e IDF.

O produto das pontuações TF e IDF de um termo é designado por peso TF*IDF desse termo. Por outras palavras, quanto mais elevada for a pontuação TF-IDF (peso), mais raro é o termo num determinado documento e vice-versa.

FOR ALL C_j of [C]

IF $\sum_{x=1}^{n} PoS(U_Q) == \sum_{Y=1}^{n} PoS(R_i)$

weight (R_i) = TF-IDF $((U_Q)$ && $PoS(R_i))$

END

A especificidade do termo de índice deve ser considerada principalmente no contexto da criação de um vocabulário de índice como tendo a ver com a exatidão da representação do conceito. A especificidade deve ser vista como um resultado da utilização do termo. É melhor pensar nela como uma propriedade estatística dos termos do índice, em vez de uma propriedade semântica. Podemos esperar que os termos mais vagos sejam utilizados com mais frequência em geral, mas o comportamento dos termos individuais será imprevisível. Para sistemas de termos simples, podemos redefinir a exaustividade e a especificidade da seguinte forma: a exaustividade de uma descrição de documento é o número de termos que contém e a especificidade de um termo é o número de documentos a que se aplica. A relação entre os dois é então óbvia, e podemos observar como uma mudança na exaustividade das descrições afecta a especificidade das palavras, por exemplo: Os termos serão utilizados mais frequentemente se as descrições forem mais longas. Isto é inevitável quando se utiliza um vocabulário controlado, mas também se aplica quando se utilizam termos extraídos, especialmente na forma de caule. O número de documentos indexados nem sempre corresponde ao número de novas palavras adicionadas ao vocabulário de palavras-chave. É mais provável que mais palavras-chave extraídas por documento aumentem a frequência das palavras-chave existentes do que gerem novas. Uma vez compreendida a interpretação estatística da especificidade e a relação entre esta e a exaustividade, é lógico tentar uma abordagem mais formal para encontrar a melhor quantidade de especificidade num vocabulário e o melhor nível de exaustividade na indexação para uma determinada coleção. Dentro das grandes restrições impostas pela existência de termos razoáveis, ou seja, termos que podem ser derivados de pedidos, pode tentar-se criar uma linguagem com caraterísticas estatísticas que sejam ideais para a recuperação. Como muitas vezes os termos que estão a acontecer são responsáveis pelo ruído na recuperação, uma solução possível é simplesmente eliminá-los dos pedidos. O facto de isto reduzir o número de termos disponíveis para serem agrupados pode ser compensado pelo facto de serem recuperados menos documentos não (claramente ligados ou relacionados). Infelizmente, embora os termos frequentes causem ruído, também são necessários para uma recuperação suficientemente elevada. Para as três colecções de teste, a eliminação de termos muito frequentes através da utilização de uma boa (linha divisória onde algo começa ou muda) leva a uma diminuição do desempenho global. Para a coleção INSPEC, por exemplo, a (linha divisória onde algo começa ou muda) foi definida para eliminar termos que ocorrem em _vinte_ ou mais documentos, de modo que setenta e três termos do vocabulário total de 1341 foram eliminados.

(processo em que as pessoas se tornam padres, rabinos, etc.) níveis, e a média sobre o conjunto de pedidos é uma média fácil de números. A qualidade (elevada) em dez valores de recordação padrão é então (descobrir algo desconhecido com base em coisas que já são conhecidas). A mesma relação entre a correspondência de termos completos e esta correspondência restrita apenas com termos não frequentes é mostrada pelas outras colecções: o limite máximo de recuperação é reduzido em pelo menos 30% e, de facto, para a coleção bem desenvolvida, é reduzido de 75% para 25%, embora a qualidade (elevada) seja mantida no passo, os meios para todos os produtos de revisão são elementos no conceito e, em seguida, verifica cada peso dos produtos de revisão e seleciona o peso superior.

```
FOR ALL PoS(Ri) Є C;
    CHECK EACH WEIGHT OF (Ri) WITH R;
    SELECT MAJOR WEIGHT(Ri) AND DECREMENT EACH (Ri)
END
```

Na última etapa, para todos os produtos de revisão que são elementos do agrupamento, o programa verifica os lados positivo e negativo, e a lista de produtos é apresentada.

```
FOR ALL RANKED(Ri) Є [C]
    CHECK EACH POSITIVE & NEGATIVE
     OUTPUT REVIEW WITH IMPACT
END
```

3.5. Apresentar produtos de acordo com a consulta.

Esta saída apresenta uma lista de produtos que correspondem aos requisitos do utilizador de uma forma listada, com os principais futuros produtos altamente classificados.

Capítulo 4

4.1. Introdução

Este capítulo explica a linguagem de programação e as bibliotecas utilizadas no processo.

1. **Distribuição Anaconda**
2. **Spyder**
3. **Python**
    3.1. Scikit-Learn
    3.2. Biblioteca Pandas
    3.3. Biblioteca NLTK
    3,4. Biblioteca Numpy

4.2. Distribuição Anaconda

Anaconda é uma distribuição Python para cientistas que inclui programas, ferramentas, recursos e IDEs. O pacote Anaconda consiste num tipo de ferramentas importantes que um cientista de dados pode utilizar para tirar partido das imensas capacidades do Python. A edição individual do Anaconda é de código aberto e gratuita. O Anaconda é agora simples de utilizar e compreender. Tudo o que tem de fazer é ir ao sítio Web e descarregar o software. Os pacotes para (" Windows, Linux e MacOS") estão incluídos na distribuição do Anaconda. Os nomes dos pacotes mais populares, tais como: numpy, pandas, scipy, sklearn, tensorflow, pytorch, matplotlib, entre outros, estão incluídos nas edições individuais. Trabalhar com o sistema de ficheiros é simples e direto com o Anaconda Prompt e o

PowerShell. Além disso, a interface GUI do Anaconda Navigator faz com que lidar com tudo seja muito fácil. Se está à procura de uma comunidade próspera de cientistas de dados e de assistência em todo o sector, o Anaconda é uma excelente opção. Com a ajuda de ferramentas fantásticas como estas, a conclusão de tarefas de ciência de dados está a tornar-se cada vez mais simples.

Abaixo está representado o NAVEGADOR ANACONDA na figura (4.2.1.)

Figura (4.2.1): Navegador Anaconda

4.3. Spyder IDE

O Spyder é um ambiente científico gratuito e de código aberto, concebido para cientistas, engenheiros e analistas de dados, e escrito em Python. Combina as capacidades avançadas de edição, análise, depuração e criação de perfis de uma ferramenta de programação abrangente com a exploração de dados de uma forma única. O símbolo do Spyder está representado no diagrama abaixo.

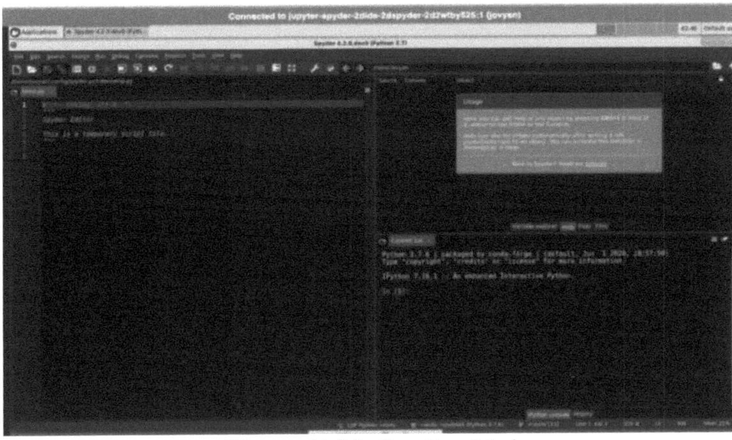

Figura (4.3.): Spyder 4.1.4

4.4. Linguagem Python:

Python é uma linguagem de programação popular. Funciona em várias plataformas, tais como (Windows, Mac, Linux, etcs....), e tem uma sintaxe simples semelhante à da língua inglesa. Em comparação com outras linguagens de programação, esta sintaxe permite aos programadores criar programas com menos linhas. Python é uma linguagem de interpretação, o que significa que o código pode ser executado assim que é escrito. Como resultado, a criação de protótipos pode ser efectuada de forma relativamente rápida. No entanto, o Python 3 é a versão principal mais recente do Python, que será utilizada. O Python 2, por outro lado, não é atualizado com nada para além de actualizações de segurança. Por exemplo,

```
print("Hello, World!")
```

The output will be:

```
Hello, World!
```

Para esta programação, o processo utilizará as ferramentas Spyder e as seguintes bibliotecas:

- ❖ Scikit-learn
- ❖ Biblioteca NLTK
- ❖ Biblioteca Numpy
- ❖ Biblioteca Pandas

4.4.1. Scikit-learn

Na comunidade da ciência dos dados, o Scikit-learn (Sklearn) é o pacote de aprendizagem automática mais popular. O Scikit-learn é uma biblioteca Python que fornece ferramentas poderosas e fáceis de utilizar para o processamento de dados e a implementação de modelos de aprendizagem automática. Utiliza uma interface de consistência Python para fornecer um conjunto de ferramentas eficientes para a aprendizagem automática e a modelação estatística, como a classificação, a regressão, o agrupamento e a redução da dimensionalidade. NumPy, SciPy e Matplotlib são as bases deste pacote, que é maioritariamente escrito em Python. Os conjuntos de dados da íris e dos dígitos para classificação e o conjunto de dados da diabetes para regressão estão entre os conjuntos de dados padrão incluídos no scikit-learn.

De seguida, o processo inicia um interpretador Python a partir da shell e, em seguida, carrega os conjuntos de dados da íris e dos dígitos. A nossa convenção notacional é que $ denota a linha de comandos da shell enquanto >>> denota a linha de comandos do interpretador Python:

```
$ python
>>>from sklearn import datasets
>>> iris = datasets.load_iris()
>>> digits = datasets.load_digits()
```

4.4.2. Biblioteca NLTK

O processamento de linguagem natural (PNL) é um domínio que se centra em fazer com que os algoritmos informáticos compreendam a linguagem humana natural. Natural Language Toolkit, ou NLTK, é um pacote Python que pode ser utilizado para NLP. As fontes de dados com texto legível por humanos constituem uma grande parte dos dados que pode estar a examinar. Primeiro, é necessário pré-processar os dados antes de os poder analisar programaticamente. Nesta lição, aprenderá sobre os vários tipos de trabalhos de preparação de texto que pode realizar com o NLTK para que possa usá-los no futuro. Análise de sentimentos em Python com NLTK (Natural Language Toolkit). Os dados estão a ser gerados a um ritmo e volume surpreendentes no mundo atual da Internet e dos serviços online. Os analistas de dados, engenheiros e cientistas trabalham normalmente com dados relacionais ou tabulares. Os dados nestas colunas de fontes de dados podem ser numéricos ou categóricos. Texto, imagens, áudio e vídeo são apenas algumas das estruturas que podem ser encontradas nos dados gerados. Os dados textuais não estruturados são gerados por actividades em linha, como artigos, textos de sítios Web, publicações em blogues e publicações em redes sociais. Os dados textuais devem ser analisados por corporações e empresas para compreender os comportamentos, as opiniões e as preferências dos clientes.

4.4.3. Biblioteca NumPy

O pacote NumPy do Python é a base da computação científica. Em seguida, a matriz d será utilizada como um novo contentor de dados (matriz N-dimensional). Estão disponíveis vectores (matrizes unidimensionais) e matrizes multidimensionais. Inclui um objeto de matriz multidimensional com elevado desempenho, bem como utilitários para interagir com estas matrizes. É possível aceder aos valores da matriz, efetuar operações matemáticas e matriciais e utilizar as matrizes para mascarar e comparar.

O NumPy é um módulo Python que lhe permite interagir com matrizes. Também fornece funções para trabalhar com matrizes, transformadas de Fourier e álgebra linear. Travis Oliphant inventou o NumPy em 2005. É um projeto de código aberto que pode ser utilizado livremente. O Python numérico é referido como NumPy.

O exemplo de código abaixo é sobre a biblioteca NumPy.

```
import numpy

arr = numpy.array([1, 2, 3, 4, 5])

print(arr)
```

4.4.4. Biblioteca Pandas

Pandas é uma biblioteca focada na manipulação de dados. Esta biblioteca contém uma série de funções que são optimizadas para trabalhar com grandes conjuntos de dados. Permite-lhe criar e exportar tabelas de dados a partir de ficheiros de texto (separadores, .csv, formato fixo, comprimido), binários (HDF5 com Pytable), o pacote HDF5 (Hierarchical Data Format 5) é uma interface pitónica para o formato de dados binários HDF5, (HTML,

XML, JSON, MongoDB, SQL...). Existem dois tipos de dados com pandas: séries e dataframes.

1. Um dataframe é um tipo de matriz constituída por dicionários ou listas.
2. Utilizam tabelas Numpy ou ndarray como base.
3. Podem conter nomes para colunas e linhas.
4. Têm a capacidade única de combinar tipos de dados como str, float, Nan, Int, etc.
5. Podem ser examinadas da mesma forma que uma folha de Excel, mas com mais volumes de dados, funções e atributos.

4.5 Conjunto de dados de avaliações

O conjunto de dados de avaliações foi gerado utilizando as avaliações da Amazon e do E-bay, que consistem em 1000 avaliações. Estas avaliações têm uma extensão variável e estão em língua inglesa. O conjunto de dados da Amazon contém as avaliações dos produtos e os metadados, e este conjunto de dados contém as avaliações (classificações, texto, votos).

4.6. Resultados

Para avaliar o desempenho do sistema proposto (PR-CT), três sistemas existentes, nomeadamente Basket-Sensitive Personalized Ranking for Product Recommendation - BSPR [1], Annual Percentage Rate -APR [2], e Generalized Impulse-Response -GIR [3], foram comparados através de três métricas de desempenho, nomeadamente: Precisão, Recall, F1 Score, Tempo

Médio de Resposta.

Para avaliar o desempenho, foram dadas 50 perguntas diferentes aos sistemas com diferentes níveis de utilização da língua. Em seguida, as respostas obtidas foram comparadas para avaliar o desempenho dos quatro sistemas.

A precisão é a fração de respostas corretas recuperadas e o número total de respostas recuperadas, e a fórmula para a precisão é dada na equação (1)

$$Precision = \frac{TP}{TP+FP} \quad (1)$$

A recuperação é a fração de respostas corretas recuperadas do número total de respostas relevantes, e a fórmula para a recuperação é dada na equação (2)

$$Recall = \frac{TP}{TP+FN} \quad (2)$$

A pontuação F1 é a média harmónica da precisão e da recuperação e a fórmula para a pontuação F1 é dada na equação (3)

$$F1\,Score = 2 * \frac{Precision * Recall}{Precision + Recall} \quad (3)$$

O tempo médio de resposta é o tempo médio que os sistemas demoram a enviar os resultados das consultas que lhes são submetidas. O cálculo do tempo médio de resposta é apresentado na equação (4)

$$Average\ Response\ TIme = \frac{Total\ Time\ for\ answering\ all\ the\ queries}{Total\ number\ of\ queries} \quad (4)$$

4.6.1. Avaliação da precisão

Os valores de precisão da técnica proposta (PRB) e das outras técnicas existentes são apresentados na Figura (4.1.).

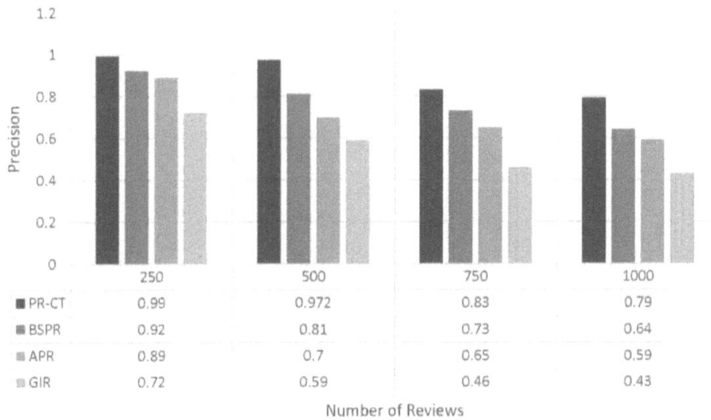

Figura (4.6.1): Comparação da avaliação da precisão

A figura acima mostra a Precisão, que significa a medida de qualidade, um algoritmo com uma precisão mais elevada devolve resultados mais relevantes do que um algoritmo com uma precisão mais baixa, PR-CT os resultados da precisão PR-CT é superior ao BSPR, APR, e GIR. No entanto, a APR e a GIR são semelhantes em comparação com dois outros valores. Além disso, os resultados do GIR são muito inferiores aos do PR-CT. Por outro lado, é evidente que a precisão do PR-CT tem um resultado de boa qualidade em comparação com os outros. Em contrapartida, o GIR tem uma precisão de fraca qualidade. Mas pode dizer-se que os valores de precisão do BSPR e do APR são paralelos entre si no que respeita ao número de avaliações, que é de (250). A precisão é importante para garantir que o processo obtém os resultados corretos. A precisão significa exatidão. A exatidão é importante porque é com base nela que o sistema de exatidão pode ser desenvolvido. Os outros sistemas dão bons resultados.

4.6.2: Avaliação da recuperação

A Figura 2 apresenta os valores de recuperação do sistema proposto e das outras técnicas.

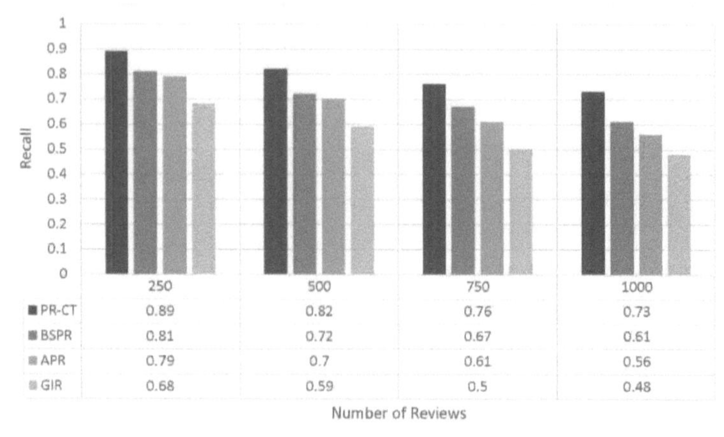

Figura (4.6.2.): Comparação da avaliação da recuperação

A figura acima mostra que a recuperação é um indicador de quantidade. O número de respostas corretas recuperadas de todo o número de respostas relevantes é conhecido como recordação. A recuperação PR-CT tem melhores resultados do que a BSPR, a APR e a GIR. No entanto, quando comparados com dois outros números, o APR e o GIR são semelhantes. Além disso, os resultados do GIR são significativamente inferiores aos do PR-CT. Em contraste, é óbvio que a recordação PR-CT tem uma boa quantidade de resultados quando comparada com as outras. O GIR, por outro lado, tem uma quantidade baixa de resultados. No entanto, pode afirmar-se que os valores de recuperação do BSPR e do APR são semelhantes. A recordação é importante para a comparação

4.6.3: Avaliação da pontuação F1

A figura (4.3.) apresenta os valores da pontuação F1 dos quatro sistemas comparados.

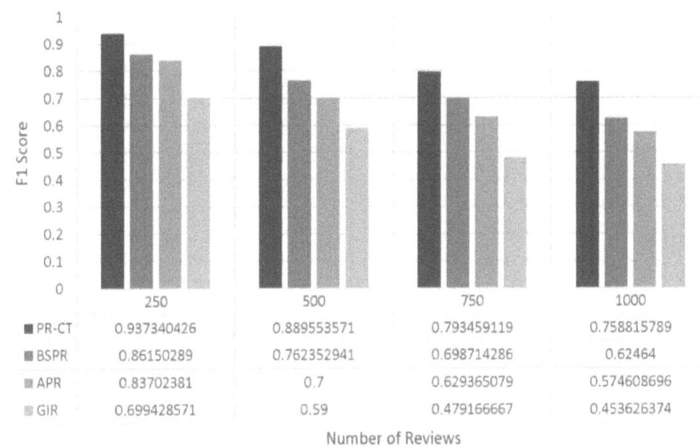

Figura (4.6.3.): Comparação da avaliação da pontuação F1

A figura acima mostra a pontuação F1, que é uma medida para avaliar a qualidade de problemas de classificação binária, bem como problemas com vários rótulos binários ou várias classes. A pontuação do PR-CT é superior à do BSPR, APR e GIR. E o GIR é mais baixo do que os outros.

4.6.4: Avaliação do tempo médio de resposta

A figura 4 apresenta os valores médios do tempo de resposta dos quatro sistemas comparados.

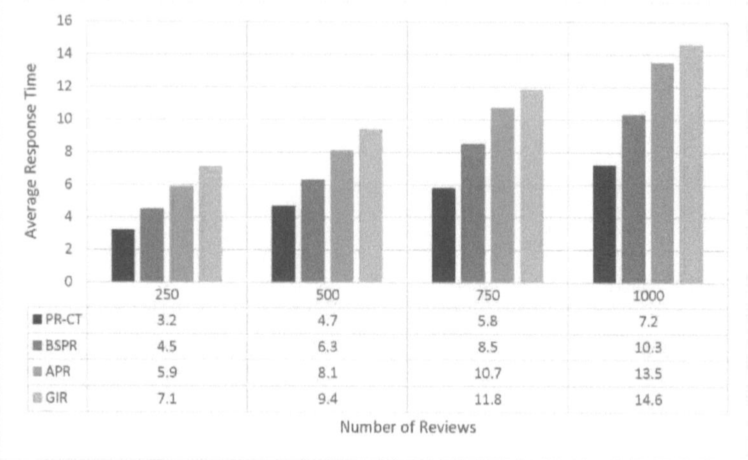

Figura (4.6.4.): Avaliação do tempo médio de resposta

A figura acima ilustra a avaliação do tempo médio para PR-CT, BSPR, APR e GIR em função do número de revisões. A avaliação do tempo médio de resposta significa que o cliente submete a consulta e o cliente reenvia algum tempo. Por isso, esse tempo chama-se tempo de resposta. Por exemplo: o utilizador faz uma pesquisa no Google e demora algumas vezes.

Capítulo 5

5.1. Conclusão

O presente estudo concluiu que a importância do Customer Review é facilitar os trabalhos comunitários, as empresas podem compreender os seus clientes e melhorar os serviços ao cliente. Para o marketing dos clientes, permitir que os utilizadores tenham voz e lealdade e desenvolver a credibilidade social, para melhor compreender os utilizadores. A maioria das pessoas procura as melhores coisas para comprar em linha, como a Amazon, o eBay, o AliExpress, o Alibaba.com e outros sítios. As opiniões dos clientes são úteis para que as pessoas escrevam questões quando compram coisas, a fim de determinar se o produto é ou não bem sucedido. Existem alguns exemplos de críticas de consumidores de compras em linha na Amazon.com, por exemplo... Consequentemente, os consumidores podem poupar tempo comprando coisas quotidianas em linha, em vez de irem para a rua, e podem receber os seus produtos em casa. Em seguida, os sistemas propostos são a Arquitetura do sistema quando a pergunta do cliente foi examinada (Marcação PoS, Anotação, Avaliações positivas e negativas e, em seguida, agrupamento), O conjunto de dados de avaliação, que receberá dados da Internet mais tarde no processo, será capaz de categorizar as avaliações negativas e positivas dos clientes. No final do estudo, a técnica apresentada pode ser utilizada como um programa de apoio para verificar os requisitos do cliente de forma rápida e fácil. No entanto, neste estudo, devido à falta de dados, recomenda-se vivamente aos futuros investigadores que desenvolvam mais esta ferramenta, pois pode ser utilizada de forma mais eficiente. Além disso, o processamento da linguagem natural (PNL) demora muito tempo no processo.

5.2. Trabalhos futuros para avaliações de clientes em linha:

1. Os compradores lêem primeiro as opiniões dos seus amigos.
2. Ligação de críticas a perfis sociais
3. Comentários e palavras-chave
4. As avaliações dos clientes podem deixar para trás as descrições dos produtos
5. O multimédia é o futuro das críticas online

Referências

Isahara H. Processamento de linguagem natural baseado em recursos. In2007 International Conference on Natural Language Processing and Knowledge Engineering 2007 (pp. 11-12). IEEE.

Ghasemi, N., & Momtazi, S. (2021). Similaridade de texto neural de comentários de utilizadores para melhorar os sistemas de recomendação de filtragem colaborativa. *Investigação e Aplicações do Comércio Eletrónico, 45,* 101019.

García-Sánchez, F., Colomo-Palacios, R., & Valencia-García, R. (2020). Um sistema de recomendação semântico-social para anúncios. *Information Processing & Management, 57(2),* 102153.

Shen, L., Liu, Q., Chen, G., & Ji, S. (2020). Sistema de recomendação de preços baseado em texto para casas de aluguer online. *Big Data Mining and Analytics, 3(2),* 143-152.

Al-Ghuribi, S. M., Noah, S. A. M., & Tiun, S. (2020). Abordagem semântica não supervisionada da análise de sentimento baseada em aspeto para avaliações de usuários em grande escala. *IEEE Access, 8,* 218592-218613.

De Meo, P., Quattrone, G., Terracina, G., & Ursino, D. (2007). Um sistema multiagente baseado em XML para apoiar serviços de recrutamento em linha. *IEEE Transactions on Systems, Man, and Cybernetics-Part A: Systems and Humans, 37*(4), 464-480.

Amato, F., Balzano, W., Cozzolino, G., De Luca, A., & Moscato, F. (2019, março). Processamento textual na análise de redes sociais. Em *Workshops da Conferência Internacional sobre Redes e Aplicações Avançadas de Informação* (pp. 822-832). Springer, Cham.

Farsi, M., & Erkoyuncu, J. A. (2021). Uma abordagem baseada em agentes para quantificar a incerteza nas decisões de contrato do Sistema Produto-Serviço: Um estudo de caso na indústria de máquinas-ferramenta. *International Journal of Production Economics, 233,* 108014.

Mohanty, B. K., & Passi, K. (2010). Agent based e-commerce systems that react to buyers' feedbacks-A fuzzy approach. *International Journal of Approximate Reasoning, 51*(8), 948-963.

Selmi, A., Brahmi, Z., & Gammoudi, M. M. (2017, junho). PACT: Um novo método de previsão de confiança para sistemas de recomendação de vários agentes. Em *2017 IEEE 26ª Conferência Internacional sobre Tecnologias de Capacitação: Infraestrutura para empresas colaborativas (WETICE)* (pp. 9-14). IEEE.

Das, P., Jamader, A. R., Acharya, B. R., & Das, H. (2019, maio). Sistema de alocação de recursos recomendados com reconhecimento de QoS baseado em HMF em computação de borda móvel para IoT. Em *2019 Conferência Internacional sobre Computação Inteligente e Sistemas de Controle (ICCS)* (pp. 444-449). IEEE.

Gonsalves, B., & Patil, V. (2017, março). Localização LoQoS e recomendador de serviços web sensível à QoS. Em *2017, Conferência Internacional sobre Inovações em Sistemas de Informação, Embarcados e de Comunicação (ICIIECS)* (pp. 1-4). IEEE.

Li, S., Wen, J., Luo, F., Gao, M., Zeng, J., & Dong, Z. Y. (2017). Um novo sistema de recomendação de serviços da web com consciência de QoS baseado no reconhecimento de recursos contextuais no lado do servidor. *Transacções IEEE sobre gestão de redes e serviços, 14*(2), 332-342.

Zhao, L., Huang, J., & Zhong, N. (2014, outubro). Um sistema de recomendação sensível ao contexto com um modelo inspirado na cognição. Na *Conferência Internacional sobre Rough Sets e Tecnologia do Conhecimento* (pp. 613-622). Springer, Cham.

Tripathi, A., Ashwin, T. S., & Guddeti, R. M. R. (2019). EmoWare: Uma estrutura consciente do contexto para recomendação de vídeo personalizada usando sequências de vídeo afetivas. *IEEE Access, 7,* 51185-51200.

Sassi, I. B., Mellouli, S., & Yahia, S. B. (2017). Sistemas de recomendação conscientes do contexto em ambiente móvel: On the road of future research. *Sistemas de Informação, 72,* 27-61.

Shi, Y., Lin, H., & Li, Y. (2017, agosto). Sistemas de recomendação com reconhecimento de contexto baseados no agrupamento de contexto de grãos de itens. Na *Conferência Conjunta da Australásia sobre Inteligência Artificial* (pp. 3-13). Springer, Cham.

Walek, B., & Fojtik, V. (2020). Um sistema de recomendação híbrido para recomendar filmes relevantes usando um sistema especialista. *Sistemas Periciais com Aplicações, 158,* 113452.

Li, Zhen, e Aoi Shimizu. "Impact of online customer reviews on sales outcomes: Um estudo empírico baseado na teoria do prospeto". *The Review of Socionetwork Strategies* 12.2 (2018): 135-151.

Wu, B., & Ye, Y. (2020). BSPR: Classificação personalizada sensível ao cesto para recomendação de produtos. *Ciências da Informação, 541,* 185-206.

Marchand, A., & Marx, P. (2020). Recomendações automatizadas de produtos com explicações baseadas em preferências. *Jornal do comércio a retalho, 96(3),* 328-343.

Tewari, A. S. (2020). Geração de recomendações de itens através da fusão de conteúdo e filtragem colaborativa baseada no item do utilizador. *Procedia Computer Science, 167,* 19341940.

Sparck Jones, K. (1972). "Uma interpretação estatística da especificidade do termo e sua aplicação na recuperação". Journal of Documentation. 28: 11-21. CiteSeerX 10.1.1.115.8343. doi: 10.1108/eb026526.

Hsu, F., Lin, Y., & Ho, T. (2012). Conceção e implementação de um sistema de recomendação inteligente para atracções turísticas: A integração do modelo EBM, da rede Bayesiana e do Google Maps. *Expert Syst. Appl., 39,* 3257-3264.

Tom Taulli 2019

Ben Shneiderman, Catherine Plaisant, Maxine Cohen e Steven Jacobs. 2009.
Designing the User Interface: Strategies for Effective Human-Computer Interaction (5ª ed.). Addison-Wesley Publishing Company, EUA.

Apêndice

```
#Importing Libraries
import numpy as np
import pandas as pd
import matplotlib.pyplot as plt
from pandas import DataFrame
import nltk

from sklearn.neighbors import NearestNeighbors
from sklearn.linear_model import LogisticRegression
from sklearn import neighbors
from scipy.spatial.distance import cosine
from sklearn.metrics import classification_report
from sklearn.metrics import accuracy_score
from sklearn.feature_selection import SelectKBest
from sklearn.feature_extraction.text import CountVectorizer, Tf
idfTransformer

import string
from wordcloud import WordCloud, STOPWORDS
from sklearn.metrics import mean_squared_error


#reading dataset
df = pd.read_csv("reviews.csv")
#grouping of data
count = df.groupby("asin", as_index=False).count()
mean = df.groupby("asin", as_index=False).mean()

dfMerged = pd.merge(df, count, how='right', on=['asin'])
dfMerged

dfProductReview = df.groupby("asin", as_index=False).mean() Pro
ductReviewSummary = dfCount.groupby("asin")["Review_summary"].a
pply(list) ProductReviewSummary = pd.DataFrame(ProductReviewSum
mary) ProductReviewSummary.to_csv("Review_summary.csv")


#rename column
dfMerged["totalReviewers"] = dfMerged["reviewerID_y"]
dfMerged["overallScore"] = dfMerged["overall_x"]
dfMerged["summaryReview"] = dfMerged["summary_x"]

dfNew = dfMerged[['asin','summaryReview','overallScore',"totalR
eviewers"]]
```

```
#function for tokenizing summary
regEx = re.compile('[^a-z]+')
def cleanReviews(reviewText):
 reviewText = reviewText.lower()
 reviewText = regEx.sub('', reviewText).strip()
 return reviewText
stopwords = set(STOPWORDS)

def show_wordcloud(data, title = None):
    wordcloud = WordCloud(
        background_color='white',
        stopwords=stopwords,
        max_words=500,
        max_font_size=30,
        scale=3,
        random_state=1 # chosen at random by flipping a coin; i
t was heads
    ).generate(str(data))

    fig = plt.figure(1, figsize=(8, 8))
    plt.axis('off')
    if title:
        fig.suptitle(title, fontsize=20)
        fig.subplots_adjust(top=2.3)

    plt.imshow(wordcloud)
    plt.show()


#reset index and drop duplicate rows
df3["summaryClean"] = df3["Review_summary"].apply(cleanReviews)
df3 = df3.drop_duplicates(['overall'], keep='last')
df3 = df3.reset_index()


# create train and test
countVector = CountVectorizer(max_features = 300, stop_words='e
nglish')
transformedReviews = countVector.fit_transform(reviews)
```

```
dfReviews = DataFrame(transformedReviews.A, columns=countVector
.get_feature_names())
dfReviews = dfReviews.astype(int)

tpercent = 0.9
tsize = int(np.floor(tpercent * len(dfReviews)))
dfReviews_train = X[:tsize]
dfReviews_test = X[tsize:]
#len of train and test
lentrain = len(dfReviews_train)
lentest = len(dfReviews_test)
neighbor = NearestNeighbors(n_neighbors=3,
algorithm='ball_tree').fit(dfReviews_train)


#find most related products
for i in range(lentest):
    a = neighbor.kneighbors([dfReviews_test[i]])
    related_product_list = a[1]

    first_related_product = [item[0] for item in related_produc
t_list]
    first_related_product = str(first_related_product).strip('[
]')
    first_related_product = int(first_related_product)
    second_related_product = [item[1] for item in related_produ
ct_list]
    second_related_product = str(second_related_product).strip(
'[]')
    second_related_product = int(second_related_product)

    print ("Based on reviews, for ", df3["asin"][lentrain + i]
," average rating is ",df3["overall"][lentrain + i])
    print ("The first product is ", df3["asin"][first_related_p
roduct] ," average rating is ",df3["overall"][first_related_pro
duct])
    print ("The second product is ", df3["asin"][second_related
_product] ," average rating is ",df3["overall"][second_related_
product])


#Recommendation Score

df5_train_target = df3["overall"][:lentrain]
df5_test_target = df3["overall"][lentrain:lentrain+lentest]
df5_train_target = df5_train_target.astype(int)
df5_test_target = df5_test_target.astype(int)
```

```
n_neighbors = 3
knnclf = neighbors.KNeighborsClassifier(n_neighbors, weights='d
istance')
knnclf.fit(dfReviews_train, df5_train_target)
knnpreds_test = knnclf.predict(dfReviews_test)

print(classification_report(df5_test_target, knnpreds_test))

df5_train_target = df3["overall"][:lentrain]
df5_test_target = df3["overall"][lentrain:lentrain+lentest]
df5_train_target = df5_train_target.astype(int)
df5_test_target = df5_test_target.astype(int)

n_neighbors = 5
knnclf = neighbors.KNeighborsClassifier(n_neighbors, weights='d
istance')
knnclf.fit(dfReviews_train, df5_train_target)
knnpreds_test = knnclf.predict(dfReviews_test)
#print (knnpreds_test)

print(classification_report(df5_test_target, knnpreds_test))
```

O resultado:

```
7806397051    1    Very oily and creamy. Not at all what I expect...
    01 30, 2014    A1YJEY40YUW4SE Andrea    Don't waste
your money    1391040000    3    4    8    8    8    8    8
    8    8    8    8
```

Na saída acima, o primeiro é o ID da revisão e o segundo é a própria revisão.

الملخص

المراجعة هي ملاحظات العميل على المنتجات. المراجعين العملاء هي في الحقيقة مصدر مهم للمعلومات "صوت العميل" ، وأنها قد تكشف عن تفاصيل ما يريده العملاء أو يكرهون حول خدمة أو منتج. تستخدم معظم الشركات مراجعي العملاء لبناء منتجات جديدة. لا تستطيع الشركات مراجعة مراجعات العملاء في نفس الوقت بانتظام ، لذلك فهي بحاجة إلى أدوات التعدين للتعرف على هؤلاء المراجعين ، وهو ما يحتاجه العملاء لسلعهم. تقوم الشركات بمراجعة التقييمات الخاصة بتحديث منتجاتها. يتم تحليل المراجعات من قبل العملاء لتحديد ما إذا كان سيتم شراء منتج أم لا. لا يمكن للعملاء تحليل جميع مراجعات المنتج ليقرروا ما إذا كانوا سيشترونها أم لا. في هذه الحالة من المفيد أن يكون هناك نظام آلي يستخدم معالجة اللغة الطبيعية في تحليل ملاحظات العملاء ، وتقديم قائمة المنتجات بطريقة مرتبة. التوصية المنتج هو أساسا آلية الفرز التي تحاول توقع وعرض المنتجات التي قد يكون المشتري مهتما في شراء. محركات التوصية هي تطبيقات تصفية البيانات التي تستخدم الخوارزميات والبيانات لاقتراح أهم الأشياء لشخص معين. في هذا البحث تم تطوير نظام التوصية المنتج الذي يستخدم أساليب معالجة اللغة الطبيعية والتعدين النص لتحليل ملاحظات العملاء وتجميعها وفقا للمنتج. يأخذ هذا النظام استعلامات المستخدم في اللغة الطبيعية ويقول اللغة الإنجليزية، ثم تحليله للعثور على الميزات المطلوبة. واستنادا إلى الميزات التي قدمها المستخدم، يحلل النظام مجموعات المنتجات ويطابق كل منتج لاستعلام المستخدم ويقدم النتائج بطريقة مرتبة. هذا النظام يجمع بيانات الاستعراض من الأمازون وموقع ئي باي وتطبيق خوارزمية تجميع الاستعراض. استنادا إلى ميزات المنتجات يتم تصنيف كل استعراض على أنه مراجعة إيجابية أو سلبية. ثم استعلام المستخدم. ثم يتم مطابقة كل من ميزات الاستعلام والمنتجات وبناء على المراجعات يتم تصنيف المنتجات. لتقييم أداء النظام المقترح (PR-CT)، تمت مقارنة ثلاثة أنظمة قائمة وهي: التصنيف الشخصي الحساس للسلة لتوصية المنتج (BSPR)، وتوصيات المنتج الآلي مع التفسيرات المستندة إلى الأفضلية (APR)، وتوصيات إنشاء العناصر عن طريق دمج المحتوى والتصفية التعاونية المستندة إلى عنصر المستخدم (GIR)، من خلال أربعة أسماء مقاييس الأداء. من عمليات تقييم الأداء ، ثبت أن التقنية المقترحة PRB تؤدي بشكل جيد من التقنيات الأخرى التي نوقشت في الأدبيات. ومع ذلك ، في هذا البحث بسبب بحيرة من البيانات ينصح بشدة للباحثين في المستقبل لتطوير هذه الأداة أكثر لأنه يمكن أن تخدم أكثر كفاءة ومعالجة اللغة الطبيعية (NLP) تأخذ من الوقت لهذه العملية.

MIX
Papier aus verantwortungsvollen Quellen
Paper from responsible sources
FSC® C105338

Printed by Books on Demand GmbH, Norderstedt / Germany